~音楽療法的視点からインクルーシブ教育に向かって~
初等音楽科教育法

淑徳大学教育学部教授
高橋 多喜子 著

ONKYO PUBLISH

はじめに

　この本の特徴は「音楽療法的視点からインクルーシブ教育に向かって」というところだと思っています。私は十数年、音楽教育に携わりながら、障がい児のための音楽療法の現場を行ったり来たりしてきました。自閉症スペクトラム症の子どもたちや ADHD の子どもたち、ダウン症の子どもたち、視覚障害のこどもたちと音楽を通してたくさんのことをしてきました。それは言語を出すことであったり、社会性を身に付けることであったり、ピアノの演奏技術を獲得することであったり、余暇活動を支援することであったりしました。

　障がい児に対する音楽療法効果は最近エビデンスが多く出されるようになってきています。例えば、自閉症スペクトラム症に対する音楽療法効果に関して2014 年のコクラン・レビューでは、「社会的相互作用」や「行動の開始(initiating behavior)」「親子関係の質」に効果があるとしています。

　音楽で「社会的相互作用」が生じる理由として、音楽には①「リズムの同調化」(音楽を一緒に行う時、彼らの注意、動きを同調させる) という集団の維持に役立つパワーがあり、②「流動的意図性」(音楽には意味があるようように感じる。その内容は人によって異なるが意味の自由度が大きいので葛藤は生じない) といわれる社会的に不確定な状況でも葛藤が生じにくいという特質があるからなのだということも「音楽心理学」の見地から研究されてきました。

　この治療的特質のある「音楽」を有効に使って、皆がすぐにまとまれる「音楽」を使って、「社会性向上」に繋がる「音楽」を使って皆で楽しく、手軽にクラス経営を行っていきたい、インクルーシブ教育を目指していきたいのです。「音楽の特質」を生かして行う音楽療法の視点で、インクルーシブ教育に向かっていきたいのです。

　X章では「インクルーシブ教育での音楽実践方法」が記されています。そこでの視点が授業づくりや学級経営の参考になれば大いに幸せです。

　最後になりましたが、構成に関わってくださった岩月明美さんに心より感謝申し上げます。ありがとうございました。

2017 年 3 月
高橋 多喜子

初等音楽科教育法＊もくじ1

＜概説＞

Ⅰ 音楽とインクルーシブ教育 ································ **6**

Ⅱ 音楽教育と音楽療法 ································ **8**

Ⅲ 音楽科の目標と指導内容 ················ **10**

Ⅲ-1. 音楽科の目標 ································ **10**
〔小学校の目標〕 ································ **10**
〔小学校音楽科の目標〕 ···················· **11**
〔各学年の目標〕 ······························ **12**

Ⅲ-2. 音楽科の指導内容 ···················· **13**
〔A 表現〕 ····································· **13**
〔B 鑑賞〕 ····································· **14**
〔共通事項〕 ·································· **15**

Ⅳ 音楽学習の評価 ································ **17**
評価の種類／相対評価／個人内評価

＜実践＞

Ⅴ 歌唱の学習と指導 ································ **18**

Ⅴ-1. 発声とその指導 ·························· **18**
最初の声 ····································· **18**
歌うとは／どのように声を出すか ············· **19**
発声指導／歌唱指導法 (1)聴唱法／(2)視唱法 ········· **20**
「移動ド」と「固定ド」 ························ **20**

Ⅴ-2. 歌唱教材研究 ···························· **22**
「ぞうさん」 ································· **23**
「アイアイ」 ································· **24**
「冬げしき」 ································· **26**

Ⅵ 器楽の学習と指導 ································ **27**

Ⅵ-1. 打楽器 ···································· **27**
（1）身体打楽器（ボディーパーカッション） ········· **27**
（2）小打楽器 ································· **27**
（3）マーチング用打楽器 ······················ **28**
（4）ラテン楽器 ······························· **29**
（5）オルフ楽器 ······························· **30**
（6）ベル、トーンチャイム ···················· **30**
（7）日本や諸外国の楽器 ······················ **30**

初等音楽科教育法＊もくじ2

VI-2. 鍵盤楽器 ……………………… 31

VI-3. リコーダー ……………………… 32
　運指法／タンギングの指導

VI-4. 器楽教材研究 ……………………… 33
　「春がきた」 ……………………… 34
　「メヌエット」 ……………………… 35
　「八木節」 ……………………… 36

VII 音楽づくりの学習と指導 ……………… 38

VII-1. 低学年での音楽づくり ……………… 38

VII-2. 中・高学年での音楽づくり ………… 39
　音楽の仕組みを生かした即興（1）（2）（3） ……… 39
　リズムアンサンブル（1）（2） ……………… 42

VIII 鑑賞の学習と指導 ……………………… 44

VIII-1. 音楽の何を聴き取らせるのか ……… 44

VIII-2. 低・中学年での鑑賞教材 …………… 45
　「子犬のワルツ」

VIII-3. 高学年での鑑賞教材 ……………… 45
　歌劇「魔笛」より「パパパ」

IX 学習指導案 ……………………… 47
　歌唱教材から「和音の美しさを味わって歌おう」

X インクルーシブ教育での音楽実践方法 …… 51

　①「さんぽ」(集団活動) …………………………… 51
　②「バスごっこ」(集団活動) ……………… (楽譜 56) 51
　③「おはながわらった」(集団活動) ……… (楽譜 58) 51
　④「あくしゅでこんにちは」(集団活動) ……… (楽譜 59) 51
　⑤「一緒に鳴らそうよ」(集団活動) ……… (楽譜 60) 52
　⑥「だれかな？」(集団活動) ……………… (楽譜 61) 52
　⑦「大きなたいこ」(リズム活動) ………… (楽譜 62) 52
　⑧「大きな太鼓、小さな太鼓」(リズム活動) …… (楽譜 63) 52
　⑨「あさおきたん」(リズム活動) ………… (楽譜 64) 52
　⑩「ボディパーカッション」(リズム活動) ……………… 53

初等音楽科教育法＊もくじ3

⑪「かごめかごめ」(集団活動・楽器活動) …………(楽譜66) 53
⑫「ひらいたひらいた」(集団活動・楽器活動) ……(楽譜67) 53
⑬「むかしばなし」(リコーダー) …………………(楽譜68) 54
⑭ 即興ペンタトニックで合奏 …………………………………… 54
⑮ 即興ドリア旋法で合奏 ………………………………………… 54
⑯ スウィングバーギターと合奏 ………………………………… 55
⑰ 色楽譜によるトーンチャイムの指導法 ……………………… 55

＜共通教材＞	「1学年」	1. うみ …………………………………… 70
		2. かたつむり ……………………………… 71
		3. 日のまる ………………………………… 72
		4. ひらいたひらいた ……………………… 73
	「2学年」	5. かくれんぼ ……………………………… 74
		6. 春がきた ………………………………… 75
		7. 虫のこえ ………………………………… 76
		8. 夕やけこやけ …………………………… 77
	「3学年」	9. うさぎ …………………………………… 78
		10. 茶つみ ………………………………… 79
		11. 春の小川 ……………………………… 80
		12. ふじ山 ………………………………… 81
	「4学年」	13. さくらさくら ………………………… 82
		14. とんび ………………………………… 83
		15. まきばの朝 …………………………… 84
		16. もみじ(紅葉) ………………………… 86
	「5学年」	17. こいのぼり …………………………… 87
		18. 子もり歌 (旋律A)(旋律B) …………… 88
		19. スキーの歌 …………………………… 90
		20. 冬げしき ……………………………… 92
	「6学年」	21. 越天楽今様 …………………………… 93
		22. おぼろ月夜 …………………………… 94
		23. ふるさと ……………………………… 95
		24. われは海の子 ………………………… 96

＜指揮法＞	基本姿勢／手首の運動／指揮の図形／指揮の実際	97
＜楽 典＞	譜表と音名／音符と休符／拍子／音程／音階／調／和音／記号・用語	100

＜概説＞

Ⅰ 音楽とインクルーシブ教育

インクルーシブ教育とは、それぞれに違いのある子どもたちが共に学べるような教育活動を意味している [1]。インクルーシブ教育の原点は「サラマンカ宣言」と言われている。「サラマンカ宣言」とは 1994 年、スペインのサラマンカで採択された国際文書のことで、ここでは、特別なニーズを持つ子どもとは、かつての「特殊教育」が対象とした子どもばかりでなく、「一時的であれ、持続的であれ、学校で学習困難を感じている子どもたち」「落第を強いられ、1 ないし 2 年しか初等教育を受けられない子どもたち」「仕事を強いられている子どもたち」も含まれるとされる。単に障害のある子どもを受け入れるためにではなく、障害のない子どももそれぞれに持っている独自のニーズに応えることとなっている。違いに応じてバラバラに教育するのではなく、共通の場において違いを大事にした学びを保障しようとするのがインクルーシブ教育である。

インクルーシブ教育システムにおいては、同じ場で共に学ぶことを追求するとともに、個別の教育的ニーズのある幼児、児童生徒に対して、自立と社会参加を見据えて、その時点で教育的ニーズに最も的確に応える指導を提供できる多様で柔軟な仕組みを整備することが重要であり、小・中学校における通常の学級、通級による指導、特別支援学級、特別支援学校といった、連続性のある「多様な学びの場」を用意しておくことが必要である。それぞれの子どもが、授業内容がわかり学習活動に参加している実感・達成感を持ちながら、充実した時間を過ごしつつ、生きる力を身に付けていけるかどうか、これが最も本質的な視点であるとしている。

年々増加する障害者数に特別支援学校は増加の一途をたどっているが、インクルーシブ教育の実際においては、様々な子どもたちのいるクラスの中で、どのような学級経営を行ったらいいのか、どのような授業展開を行ったらいいのかなど具体的な方法論がすぐにでも必要である[2]。

誰もが参加しやすい「音楽」を使って、どのように普通学級と特別支援学級とのインクルーシブ教育を行っていくのかを考えていく。「音楽」はその本来持っている音楽の特質（音楽の治療的特質）からインクルーシブ教育に最適であると考えている。どのように音楽を使うかについては、実践編の「Ｘ インクルーシブ教育での音楽実践方法」で詳述する。以下は Boxhill の音楽の治療的特質である。

〔音楽の治療的特質〕

（1）音楽は通文化的 (cross-cultural) な表現形態である。

（2）音楽はその非言語的特性により、コミュニケーションの手段として自在に用いられる。

（3）音楽は人間の個々の知力や状態にかかわりなく、音刺激として直接人間の心身に働きかける。したがって、音楽は諸感覚を刺激し、気分や感情を喚起し、生理的、精神的反応を引き起こし、心身に活気を与える。

（4）音楽固有の構造と特質は、自己統合や集団組織化のための可能性を有する。

（5）音楽は、音楽的行動と非音楽的行動の両面に影響を及ぼす。

（6）音楽は学習や諸技能の獲得を促進する。

（7）音楽は、機能的、順応的、美的に卓越した形態であり、あらゆる臨床場面に適応できる。

この「音楽の特質」を使って、音楽療法的視点からインクルーシブ教育への提言をしていきたい。どのような授業が提案できるかを探していきたい。

1）嶺井正也、シャロン・ラストマイアー：インクルーシヴ教育に向かって. 八月書館 .2008.
2）高橋多喜子：補完・代替医療　音楽療法　改訂 3 版　2017.
3）Boxhill EH : Music Therapy for developmentally disabled. TX:PRO ED. Inc.1985.

II 音楽教育と音楽療法

音楽教育も音楽療法も、根っこは同じだと思っている。
それぞれの目標も「生きる力を培う」となっている。

　次章で詳しく述べるが、音楽教育の目標は平成 20 年の学習指導要領では、「表現及び鑑賞の活動を通じて、音楽を愛好する心情と音楽に対する感性を育てると共に、音楽活動の基礎的な能力を培い、豊かな情操を養う」となっており、一方、音楽療法の目標は日本音楽療法学会の定義 (2001) によれば、「音楽療法とは、音楽のもつ生理的、心理的、社会的働きを用いて、心身の障害の回復、機能の改善、生活の質の向上、行動の変容などに向けて、音楽を意図的、計画的に使用すること」となっている。

　音楽教育では音楽の特質を体験し、音楽に対する感性や情操を養うことであり、その養われた音楽の特質に対する「感性」を使って治療を行うのが音楽療法であるともいえる。

　現在の小学校音楽の共通教材は日本人の「こころの歌」であり、例えば６年生で教えなければいけない「われは海の子」は明治の歌でもある。この歌は高齢者の「なじみの歌（好きな歌、よく歌った歌、思い出のある歌）」でもあり、ほとんどの高齢者が「歌える歌」であり、歌唱後、記憶が呼び戻り (回想法)、活動レベルが向上する。

　アメリカで放映された「パーソナル・ソングス」の映画 (2015) では、「パーソナルソングス；なじみの歌」を i-pod で聴いただけで、認知症高齢者の表情や行動が変化することが目の当たりに観察できる。認知症の中核症状は記憶の低下であるが、周辺症状に妨害行動や、うつ、徘徊行動などがあり、「パーソナル・ソングス」の聴取で、これら周辺症状；BPSD (Behavioral and Psychological Symptoms of Dementia) が軽減し、BPSD 軽減のために使われていた薬の量が減るということをこの映画は訴えている。

　私たち、音楽療法士は何十年も前から、患者の「なじみの歌」の聴取 / 歌唱で、患者の行動が改善してくることを見てきた。音楽療法の材料は患者の好きな歌 (なじみの歌) なのである。その好きな歌を、音楽教育では「共通教材」として学校で教えている。共通教材である「うみ」「もみじ」「こいのぼり」「冬げしき」「おぼろ月夜」「ふるさと」「われは海の子」は高齢者も習った唱歌である。日本人なら誰でも知っている歌である。世代を超えて歌える歌を小学校で教育

しているのである。「ふるさと」は東日本大震災の時に、どれだけ歌った歌だったか、こころの歌だったかと振り返る。

　音楽教育においての「共通教材」は大事に教え継いでいかねばならない。丁寧に歌い継いでいかねばならない。小学校で習った歌は、歌謡曲とは異なって、華々しい回想は呼び戻ってこないかもしれない。しかし皆で歌える歌なのである。元気になれる歌なのである。

　音楽療法では患者・クライエントのアセスメントが重要である。音楽を「意図的」「計画的」に使うために一人一人のアセスメントを行う。インクルーシブ教育においても、こどもたちのアセスメントは重要である。アセスメントを行い、目標設定を行い、計画を立て、音楽教育／音楽療法を実施し、事後評価を行い、それがうまくいかなかった場合は計画の立て直し、異なる実施方法を行うなどして、アセスメントと評価を見据えながら音楽教育／音楽療法を行っていく。

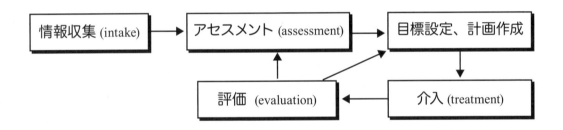

音楽療法の作業手順

Ⅲ 音楽科の目標と指導内容

Ⅲ-1. 音楽科の目標

〔小学校の目標〕

小学校音楽科の位置づけは各教科として示された9つの教科の一つとして位置づけられている。
2020年からは「英語」も教科の一つに加えられるので、教科は10になる。
小学校教育の目標は、学校教育法の第21条において以下のように規定されている[1]。

① 学校内外における社会的活動を促進し、自主、自立及び共同の精神、規範意識、公正な判断力並びに公共の精神に基づき主体的に社会の形成に参画し、その発展に寄与する態度を養うこと。

② 学校内外における自然体験活動を促進し、生命及び自然を尊重する精神並びに環境の保全に寄与する態度を養うこと。

③ 我が国の郷土の現状と歴史について、正しい理解に導き、伝統と文化を尊重し、それらをはぐくんできた我が国と郷土を愛する態度を養うとともに、進んで外国の文化の理解を通じて、他国を尊重し、国際社会の平和と発展に寄与する態度を養うこと。

④ 家族と家庭の役割、生活に必要な衣、食、住、情報、産業その他の事項について基礎的な理解と技能を養うこと。

⑤ 読書に親しませ、生活に必要な国語を正しく理解し、使用する基礎的な能力を養うこと。

⑥ 生活に必要な数量的な関係を正しく理解し、処理する基礎的な能力を養うこと。

⑦ 生活にかかわる自然現象について、観察及び実験を通じて、科学的に理解し、処理する基礎的な能力を養うこと。

⑧ 健康、安全で幸福な生活のために必要な習慣を養うとともに、運動を通じて体力を養い、心身の調和的発達を図ること。

⑨ 生活を明るく豊かにする音楽、美術、文芸その他の芸術について基礎的な理解と技術を養うこと。

⑩ 職業についての基礎的な知識と技能、勤労を重んずる態度及び個性に応じて将来の進路を選択する能力を養うこと。

　上記10の目標で「音楽科」が深くかかわるのは⑨項目目であろうが、その他の項目とも関わっている。例えば小学校3年生で学ぶ「日本の音楽」は③項目目にも関わり、「共通事項」で学ぶ音価は⑥とも関わっている。

1）平成20年3月28日文部科学省令

〔小学校音楽科の目標〕

小学校音楽科の目標は以下である。

表現及び鑑賞の活動を通じて、音楽を愛好する心情と音楽に対する感性を育てるとともに、音楽活動の基礎的な能力を培い、豊かな情操を養う。

　ここでいう「表現」と「鑑賞」は音楽科の二つの領域に分けられている。「表現」とは子どもたちが自分たちの思いや考えを音楽を通して伝える活動のことで、具体的には歌唱、器楽、音楽づくりの三つの活動に分けられている。「鑑賞」とはを芸術作品を理解し味わうことで、音楽聴取しながら、自分の思いや考えを形成していく活動でもある。

　「音楽を愛好する心情」とは、音楽を愛し、生活の友として、また音楽をストレスコーピングにも使用できるような生涯、音楽を生かしていこうとする態度を養うことである。

　また「感性」とは広辞苑によると「外界の刺激に応じて感覚・知覚を生ずる感覚器官の感受性」となっている。「音楽に対する感性」とは、音楽に対する感動する心のことで、音楽の旋律やリズム、和声などの構造に対して、美しい、崇高であると感動する心のことである。

　音楽科の目標は、この「感性を育てると共に」「音楽活動の基礎的な能力を培い」となっている。「音楽活動の基礎的な能力を培うこと」とは、生涯にわたって子どもたちが楽しく音楽と関わっていけるように、小学校段階では表現、及び鑑賞活動で必要となる能力を培う。具体的にはどのように声を出して歌うか、どのように楽器を演奏するか、工夫して音楽を作る経験を通して得られる能力を身に付けることが大切となる。

　また「豊かな情操を養う」については、「情操」とは「感情のうち、道徳的、芸術的・宗教的など文化的・社会的価値を具えた複雑で高次なもの」とある。音楽は当然、芸術的情操に関わるのであろうが、崇高な美しいものに心を開き、豊かな心を養うことが求められている。

小学校音楽科の目標の構造　（山下、2011）

<概説> Ⅲ 音楽科の目標と指導内容

〔各学年の目標〕

音楽科では各学年の目標は各学年とも 3 項目とし、次のような観点に基づいて設定されている。

① 音楽活動に対する興味・関心、意欲を高め、音楽を生活に生かそうとする態度・習慣を育てること。

② 基礎的な表現、能力を育てること。

③ 基礎的な鑑賞の能力を育てること。

第 1, 2 学年の目標

① 楽しく音楽にかかわり、音楽に対する興味、関心をもち、音楽経験を生かして生活を明るく潤いのあるものにする態度と習慣を育てる。

② 基礎的な表現の能力を育て、音楽表現の楽しさに気付くようにする。

③ 様々な音楽に親しむようにし、基礎的な鑑賞の能力を育て、音楽を味わって聴くようにする。

第 3, 4 学年の目標

① 進んで音楽にかかわり、音楽活動への意欲を高め、音楽経験を生かして生活を明るく潤いのあるものにする態度と習慣を育てる。

② 基礎的な表現の能力を育て、音楽表現の楽しさを感じ取るようにする。

③ 様々な音楽に親しむようにし、基礎的な鑑賞の能力を育て、音楽を味わって聴くようにする。

第 5, 6 学年の目標

①創造的に音楽にかかわり、音楽活動への意欲を高め、音楽経験を生かして生活を明るく潤いのあるものにする態度と習慣を育てる。

② 基礎的な表現の能力を高め、音楽表現の喜びを味わうようにする。

③ 様々な音楽に親しむようにし、基礎的な鑑賞の能力を育て、音楽を味わって聴くようにする。

<概説> Ⅲ 音楽科の目標と指導内容

Ⅲ-2. 音楽科の指導内容

音楽科の指導内容は、学習指導要領では「A 表現」と「B 鑑賞」および「共通事項」で構成されている。ここでは「小学校学習指導要領解説 音楽編」(文部科学省)から抜粋する。

〔A 表現〕

(1)「歌唱活動を通して、次の事項を指導する」

　歌唱活動においては自らの声で楽曲表現を工夫し、思いや意図をもって歌うこと、歌唱活動を支える歌い方を身に付けると共に楽曲にあった表現をすること、声を合わせて演奏することを通じて基礎的な歌唱能力を高めていく。

　低学年では、範唱を聴いて歌うと共に階名の模唱や暗唱に親しんだり、楽曲の気分を感じ取って歌詞の表す情景や気持ちを想像して表現工夫し自分の思いをもって歌ったり、表現の支えとなる歌声や発声の仕方を身に付けたり、友達の歌声や伴奏を聴きながら自分の声を合わせたりすることが指導のねらいとなる。

　中学年では範唱を聴いて歌うと共に**ハ長調**の楽譜を見て歌ったり、曲想を感じ取って歌詞の内容や曲想にふさわしい表現を工夫し自分の思いや意図をもって歌ったり、表現の支えとなる歌い方を身に付けたり、友達の歌声や副次的な旋律、伴奏を聴いて自分の声を合わせたりすることが指導のねらいとなる。

　高学年では範唱を聴いて歌うと共に**ハ長調及びイ短調**の楽譜を見て歌ったり、曲想を感じ取って歌詞の内容や曲想を生かした表現を工夫し自分の思いや意図をもって創造的に歌ったり、表現の支えとなる歌い方を身に付けたり、各声部の歌声や全体の響き、伴奏を聴いて、自分の声を友達の声と調和させて歌ったりすることが指導のねらいとなる。

(2)「器楽の活動を通して、次の事項を指導する」

　音楽を聴いたり楽譜を見たりして演奏すること、曲想を感じ取って器楽の表現を工夫し自分の思いや意図をもって楽器を演奏すること、器楽の活動を支える演奏の仕方を身に付けると共に楽曲にあった表現をすること、音を合わせて演奏することを通して、基礎的な器楽の能力を高めていく。

　低学年では、範奏を聴いて楽器を演奏するとともにリズム譜に親しんだり、楽曲の気分を感じ取って表現を工夫し自分の思いをもって演奏したり、身近な楽器に親しみながらその音色に気を付けて簡単なリズムや旋律を演奏したり、友達の音や伴奏を聴きながら自分の音を合わせたりすることが指導のねらいとなる。

13

中学年では、範奏を聴いて楽器を演奏するとともに**ハ長調**の楽譜を見て演奏したり、曲想を感じ取って曲想にふさわしい表現を工夫し自分の思いや意図をもって演奏したり、表現の支えとなる演奏の仕方を音色に気を付けながら身に付けたり、友達の音や副次的な旋律、伴奏を聴いて自分の音を合わせたりすることが指導のねらいとなる。

高学年では、範奏を聴いて楽器を演奏するとともに**ハ長調及びイ短調**の楽譜を見て演奏したり、曲想を感じ取って曲想を生かした表現を工夫し自分の思いや意図をもって創造的に演奏したり、表現の支えとなる演奏の仕方を楽器の特徴を生かしながら身に付けたり、各声部の音や全体の響き、伴奏を聴いて、自分の音を友達の音と調和させて演奏したりすることが指導のねらいとなる。

（3）「音楽づくりの活動を通して、次の事項を指導する」

音楽づくりは、児童が自らの感性や創造性を働かせながら自分にとって価値のある音や音楽をつくる活動である。子どもたちが様々な音と新鮮な気持ちをもってかかわり、音の面白さに気づいたりその響きや組み合わせを楽しんだりしながら、様々な発想をもって音遊びをしたり即興的に表現したりする能力及び音を音楽へと構成していく能力を高めることについて示している。

低学年では、声や身の回りの音の面白さに気づいて音遊びをしたり、音を音楽にしていくことを楽しみながら音楽の仕組みを生かし、自分の思いをもって簡単な音楽を作ったりすることが指導のねらいとなる。

中学年では、いろいろな音の響きや組み合わせを楽しみながら様々な発想をもって即興的に表現したり、音を音楽に構成する過程を大切にしながら音楽の仕組みを生かし、自分の思いや意図をもって音楽をつくったりすることが指導のねらいとなる。

高学年では、いろいろな音楽表現を生かしながら様々な発想をもって即興的に表現したり、音を音楽に構成する過程を大切にしながら音楽の仕組みを生かし、つくろうとする音楽について見通しをもって音楽をつくったりすることが指導のねらいとなる。

〔B 鑑賞〕

（1）「鑑賞の活動を通して、次の事項を指導する」

鑑賞の項目は、曲想を感じ取って聴くこと、音楽を形づくっている要素の関わり合いを感じ取って聴くこと、楽曲の特徴や演奏のよさを理解することを通して、基礎的な鑑賞の能力を身に付けるようにすることについて示している。

低学年では、楽曲の気分を感じ取って聴くこと、音楽を形づくっている要素のかかわり合い

を感じ取って聴くこと、楽曲や演奏の楽しさに気付くことが指導のねらいとなる。

中学年では、曲想とその変化を感じ取って聴くこと、音楽を形づくっている要素のかかわり合いを感じ取り、楽曲の構造に気を付けて聴くこと、楽曲の特徴や演奏のよさに気付くことが指導のねらいとなる。

高学年では、曲想とその変化などの特徴を感じ取って聴くこと、音楽を形づくっている要素のかかわり合いを感じ取り、楽曲の構造を理解して聴くこと、楽曲の特徴や演奏のよさを理解することが指導のねらいとなる。

〔共通事項〕

「共通事項」は、表現及び鑑賞のすべての活動において、共通に指導する内容を示している。したがって、「共通事項」は、表現及び鑑賞の各活動を通して指導するものである。

> ア．音楽を形づくっている要素のうち次の（ア）及び（イ）を聴き取り、それらの働きが生み出すよさや面白さ、美しさを感じ取ること。

アは、音楽を形づくっている要素のうち（ア）**音楽を特徴づけている要素**及び（イ）の**音楽の仕組み**を聴き取り、それらの働きが生み出すよさや面白さ、美しさを感じ取ることについて示している。

（ア）「**音楽を特徴づけている要素**」は

低学年では、音色、リズム、速度、旋律、強弱、拍の流れやフレーズ

中学年では、低学年で示したものに加え、音の重なり、音階や調

高学年では、中学年で示したものに加え、和声の響き

を示している。

（イ）「**音楽の仕組み**」は

低学年では、反復、問いと答え

中学年では、低学年で示したものに加え、変化

高学年では、中学年で示したものに加え、音楽の縦と横の関係

を示している。

ここで示している音楽を特徴付けている要素及び音楽の仕組みは、特定の音楽にかかわるものではなく、世界の様々な国の音楽に共通に含まれているのである。

なお、「音楽を形づくっている要素」とは、「音楽を特徴づけている要素」及び「音楽の仕組み」に加え、歌詞、歌い方や楽器の演奏の仕方、演奏形態など、音楽というものを形づくっている要素を含むものである。

アの事項を扱う際には、以下のことを注意する必要がある。

　歌唱や器楽、鑑賞の活動においては、取り扱う楽曲の曲想を感じ取り表現したり、鑑賞したりすることが大切となる。ここでいう「曲想」とは、その楽曲に固有な気分や雰囲気、味わい、表情を醸し出しているものである。一つ一つの楽曲のもつ独特な曲想を味わい、曲想にあった表現を工夫したり、曲想を味わって聴いたりする活動は音楽の学習において重要な活動である。

　この曲想をうみだしているのは、音楽を特徴づけている要素や音楽の仕組みのかかわりによってつくられる「楽曲の構造」である。音楽を特徴づけている要素や音楽の仕組みはどの様式やジャンルの音楽にも含まれており、児童はどの楽曲からもそれらを聴き取り、それらの働きによるよさや面白さ、美しさを感じることができる。

> イ．音符、休符、記号や音楽にかかわる用語について、音楽活動を通して理解すること。

　以下に示した音符、休符、記号や音楽に関わる用語を音楽活動を通して理解することについて示している。「音楽活動を通して」とは、音楽の用語を音楽の学習活動の中で実際に生かすことのできる知識として理解することの重要性を述べたものである。そのためには児童が音符、休符、記号や音楽に関わる用語を含んだ楽譜を読むことの必要性を感じることができるように指導することが大切である。

小学校学習指導要領解説 音楽編 p76（6）

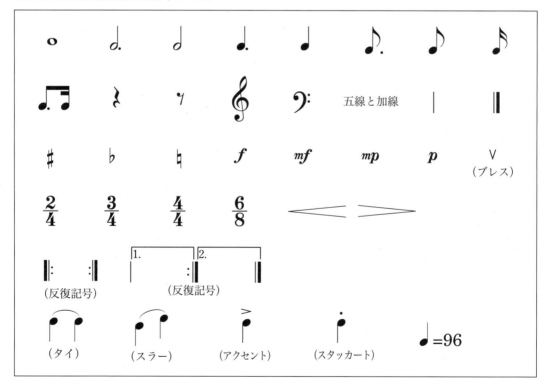

IV 音楽学習の評価

　音楽の評価は難しいといわれる。例えば「鑑賞」の評価である。どのように感じたのか、どのような思いをもって聴いていたのかなどは、なかなか評価しにくい。思いを絵に描いてもらっても評価の難しさは変わらないようにも思える。ルーブリックのように到達目標を決めて6学年を通しての評価というのも面白いかもしれない。

評価の種類

　評価するためにはもちろん、目標がどのくらい到達できたかということが評価の基準である。子どもたちの殆ど全員が到達できていなければ、目標から決め直さなければならない。また授業法を見直さなければならない。それは「音楽療法」で当然のことであるアセスメントと評価の関係でもある。

相対評価

　ある一定の集団の中の相対的な位置によって、個人の能力や学力を判断する評価法のことで、正規分布に基づいて人数を割り振る方法や偏差値が代表である。このような「集団に準拠した評価」から「目標に準拠した評価」に平成14年度以降改められた。この「目標に準拠した評価」とは絶対評価ともいわれ、目標がどのくらい達成できたかの評価になる。教育は目標が設定され、目標に基づいて評価されるべきである。

個人内評価

　個人内評価では、個人の中で準拠基準を設定する。以前と比べて技術が向上したか、意欲が増したかなど評価する。子どもたちの可能性や進捗状況を鑑みて評価するが、準拠基準をどのように設定するのかなど、また教師の主観が入りすぎないかの問題があるだろう。目標に準拠した評価を補完するための工夫や活用が求められている[1]。

　評価は「音楽療法の評価」のところでも述べたが、個人内評価の際にも目標に準拠した評価の際にも、事前評価（アセスメント）が必要となる。それぞれ個々の子どもたちのアセスメント状況から目標を設定するべきである。

　学習指導要領に示された各学年の目標から、題材の目標、1時間の授業ごとの目標が設定されるのであるが、目標は子どもたちに即して立てられなければならない。子どもたちが共有することができ、どの子供も「おおむね満足」できる目標であることが大切である。

1) 有本真紀：第4章 音楽学習の評価, 初等科音楽教育法 音楽之友社 2011.2

V 歌唱の学習と指導

V-1. 発声とその指導

最初の声

　赤ちゃんは「おぎゃー」と泣いて生まれてくるが、この時の音は「一点イ」であるという。声帯の成長と可能な発声音域は以下の図の通りである。3歳では1オクターブの音域の声が出るようになり、10歳では2オクターブとなる。成人男性の音域は「ハ」から「二点ハ」まで約3オクターブ、成人女性の音域は「ハ」から「二点ト」まで約2オクターブ半といわれる。

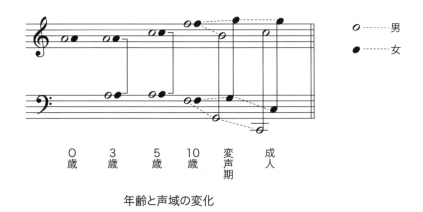

年齢と声域の変化

歌うとは

そもそも歌を歌うとはどのようなことなのだろうか？

なぜ歌うのであろうか？歌で他者とコミュニケーションを図っているということであろうか？コミュニケーションを図るのなら、言葉を使って「話す」ことでも可能ではないかと思われそうだが、「音楽がこんなに楽々と人の心に通うことを可能にさせているものが、言葉でも可能だったとすれば、音楽などはなかったろうし、また音楽を生むニードもなかったろう」というガストンの言葉にもあるように [1]、先述した音楽のもつ力、「音楽の特質」から、他者とのコミュニケーションが楽々とできるのである。音楽療法ではこの音楽の力を使って、発達障害の子どもたちの発語訓練を行ったり、社会性獲得に向かって音楽を使ったりしている。

歌うには、歌う、唄う、謡う、詠う、謳うなど、歌う内容に関して多くの漢字が使用されている。歌で他人とのコミュニケーションを図るのだが、いろいろな場面に歌は使われている。漁で歌いながら網を引く、歌いながら田植えをする、遊びながら歌が出る、お手玉をしながら歌う、赤ん坊を寝かしつけるのに歌う、祈りながら歌う、葬式で歌う、結婚式で歌うなど、いろいろな歌う状況が考えられる。歌は生活の一部であり、歌を通して私たちはいろいろな思いを伝えてきた。歌は世情を反映して移り変わってきた。まさに「歌は世につれ、世は歌につれ」である。

音楽療法ではクライエントの「なじみの歌；好きな歌、よく歌った歌、思い出のある歌」を患者の耳元で歌うのがいいとされている。この「なじみの歌」には唱歌（学校で習った歌）の占める割合も多く、小学校で教えなければならない「共通教材」は、とりわけ高齢者の「なじみの歌」になっている。「共通教材」は「心の歌」として各学年に 4 曲ずつ、6 学年で計 24 曲が挙げられており、多くが明治、大正の歌である。日本人なら誰でもが歌える歌を今の子どもたちにしっかり教え伝えていくことは意義深いことである。「共通教材」を子どもたちに大切に教えてほしい。

1）日野原重明：音楽の癒しちから.春秋社.1996 からの抜粋

どのように声を出すか

「自然で無理のない発声」とは

平成 10 年の改訂以降、「頭声的発声」から「自然で無理のない発声」という文言に変わった。「自然で無理のない発声」であるから、声帯に無理のかからない歌い方をすることである。**地声（表声）**で高い音域も出そうとして喉に負担がかかる発声をするのではなく、ある音域以上は**裏声**を使って歌うことが求められている。昔のように「大きな声」で歌うことを要求してはいけない。児童が自分の声の特徴を掴み、また他人の声に注意を向けるように指導していきたい。

まずト音くらいから歌わせていくと、一点ヘ〜一点イあたりで地声で出すには難しくなる。この辺から裏声を使って声を出させる。どのように裏声を出すかは、例えば、「東京ドームの

天井に声を当てるようにして」などイメージによって掴むこともできるが、教師の歌は発声の手本になるので自覚して歌の技術も磨いてほしい。平成 20 年の「小学校学習指導要領解説音楽編」では、声域や声量など児童の実態を十分に考慮し、母音、子音、濁音、鼻濁音などの発音に十分に気を付けながら、きれいな発音で歌うように指導を進めることが大切とある。また、児童が自分の歌声の特徴を感じ取りながら歌うことができるように配慮するのが望ましいということである。

発声指導
姿勢・呼吸
　姿勢は足を肩幅に開きまっすぐに立って歌うのが良い。「こんにゃく体操」のように上半身ぶらぶらさせ柔らかくした後、すくっと立つ姿勢がよい。しかしあまり姿勢のことばかり言うと身体が固くなってしまう。呼吸法も同様で、腹式呼吸のことばかり言いすぎるとかえって不自然な呼吸になってしまう。呼吸に使われている主な筋肉は①横隔膜、②肋間筋、③腹筋、④骨盤底筋といわれている。身体の構造から呼吸を説明するのもいいかもしれない。

歌唱指導法
（1）聴唱法
　聴唱法とは楽譜を介さずに、教師が直接歌ったり、CD を聴かせたりして歌を学ぶ方法である。民謡や地方に伝わる歌は口伝（聴取法）で歌を伝えてきた。聴唱法は音楽理論や楽譜がいらず、耳から覚えて歌わせる。あまり長い曲は難しくなるし、教師は正確に歌を歌えなければならない。
（2）視唱法
　楽譜を見ながら歌う方法である。楽譜が読めなければならない。長い曲や合唱曲（パートが分かれている曲）に適している。
　実際はこの二つの方法を組み合わせて使うのが望ましい。最初は聴唱法で歌の流れを掴み、次に楽譜にあたって細かく見ていくという方法である。

「移動ド」と「固定ド」
　調が変化してもハ長調の第 1 音を固定してドと読む方法を「固定ド」という。また調が変わるたびにそれぞれの調の第 1 音をドと読む方法を「移動ド」という。ピアノを習っている子どもたちが多い現状、学校教育現場では圧倒的に「固定ド」を使用している。
　「移動ド」のメリットは相対的な音程の間隔 (どこに半音があるかなど) と調性感覚が養われることである。音階各音の機能を理解しながら歌うことができる。一方「固定ド」では鍵盤と楽譜を直結して音符が読めるが、ヘ長調であればシの音は♭をつけてシと歌わなければならな

い。変ロを「シ」と発音して歌うことになる。
　以下は小学校5年生の共通教材「冬げしき」である。「固定ド」と「移動ド」で読むと以下のようになる。○の部分は変ロで歌う。

<実践> Ⅴ 歌唱の学習と指導

Ⅴ-2. 歌唱教材研究

ここでは低学年用の歌を採り挙げる。

「ぞうさん」

この歌はこどもが大好きな歌で、幼稚園や保育園でよく歌われている。音楽療法でもよく使う歌である。親の膝に乗ったり、向き合って手を引きあったりして親子で歌う。

前奏を十分に練習して、ゆっくり伴奏を弾きながら歌ってほしい。この歌は「問い」と「答え」になっている。「ぞうさん、ぞうさん、おはながながいのね」という「問い」に対して「そうよ、かあさんもながいのよ」と答えている。二番では「ぞうさん、ぞうさん、誰が好きなの」「あのね、母さんが好きなのよ」となっている。これは誰の問いに誰が答えているのであろうか？象の子どもと人間の子どもの会話なのであろうか？たった8小節しかない歌であるが、6小節目の「母さん」の「か」のところが歌の最高音の二点Dになっている。優しい母さん、大好きな母さんといいたい。でも最後の「好きなのよ」「ながいのよ」も丁寧に歌わせてほしい。

「アイアイ」

この歌は低学年に親しまれているエコーソングである。「アーイアイ」といえば「アーイアイ」と答えたくなる構造になっている。音程ソ〜ミ、ファ〜レの模倣のみならず、リズムの模倣、♩ ♪ 7（アーイアイ）と ♪♪（アイアイ）の模倣も含まれている。

「アーイアイ」の後は、サルの説明になっている。楽しく、元気に歌わせたい。

伴奏は特徴ある和音を出して、おどけた感じで弾けるとよい。教材伴奏にCDがついているものをよく見かけるが、できればCD伴奏を使わずに、右手の旋律の部分だけでも弾いてほしい。CDではテンポが速く、途中で止められない。まずはゆっくり歌わせたいからである。

「冬げしき」

共通教材から「冬げしき」の指導について考える。文部省唱歌である。この曲は大正2年「尋常小学唱歌（五）」に掲載された。3拍子の静かな曲である。1番では早朝の様子、2番では昼間の田畑、3番では夕べの里と、描かれている風景を思い浮かべながら歌ってみる。それにはまず歌詞を読んでみることから始めるとよい。この曲のゆったりとした感じの中で第3フレーズが一番大きい *mf* の記号がついている。どのように歌ったらいいのか考えさせてみよう。また先述したが、この曲を「固定ド」と「移動ド」で歌ってみよう。「固定ド」で歌う「シ」は「シ♭」で歌った認識があっただろうか？

ぞうさん

まどみちお 作詞
團 伊玖磨 作曲

Ⅵ 器楽の学習と指導

　最初に作り出された楽器は打楽器であったろうと推測されている。打楽器は容易に音が出しやすく、身体打楽器から小打楽器まで多くの種類があり、低学年から高学年まで、さらに発達障害の子どもたちも合奏活動に取り組みやすいといえよう。

　器楽の指導内容のところでも述べたが、音楽を聴いたり楽譜を見たりして演奏すること、曲想を感じ取って器楽の表現を工夫し自分の思いや意図をもって楽器を演奏すること、器楽の活動を支える演奏の仕方を身に付けるとともに楽曲にあった表現をすること、音を合わせて演奏することを通して、基礎的な器楽の能力を高めていくことが指導内容となっている。もちろん「共通事項」との関連は大切で、「共通事項」アを介して器楽を歌唱、音楽づくり、鑑賞と結び付け関連付けて指導する。また「共通事項」イも器楽の指導を介して、音符や音楽用語などの理解を図る。

Ⅵ-1. 打楽器

（1）身体打楽器（ボディーパーカッション）

　人間の手や足などいろいろな場所を使って音を出しリズムを楽しむ。リズムパターンも「共通事項」イにのっとって、容易なものから複雑なものまで多様なパターンが作成できる。日本語はリズム変化の少ない言語ではあるが、日本語に当てはめながらリズムを刻むと表現しやすい。グループ活動や学級経営などにも利用されている。(Ⅹインクルーシブ教育での音楽実践法を参照)

（2）小打楽器

タンブリン：胴に小さなシンバルを付けた極めて浅い小型の片面太鼓である。安価で簡単に音を出すことができるため、教育楽器として多用される。穴の開いているところに指を通して演奏するのではなく、大きく握って安定させて演奏する。片面に革の張っていないモンキータンバリンはジングル音の演奏のみを行う。

カスタネット：木製の打楽器でフラメンコなどで用いられ、スペインで発達した。木片を2枚合わせ、これを打ち合わせることによって音を出す。端にひもを通してつなげ、このひもに親指を通して楽器の調整を行う。教育用カスタネットは赤、青になっており、打ち合わせるだけで簡単に音が出る。利き手と反対の手の中指にゴムの輪を通し、利き手で演奏する。片手だけで演奏する場合は親指にゴムの輪を通し、他の指で握るようにして演奏する。

トライアングル：自由に振動できるように、開いていない角に紐を付けて吊し、金属の棒のビーターで打つ。紐はしっかりと持ち落とさないように親指と中指で挟むようにする。専用スタンドに取り付けて演奏できるようにしたものもある。どこをどのように鳴らすと響きが異なってくるのか丁寧に音を聴き比べてみよう。

鈴：土器や金属、陶器などでできた中空の外身の中に小さな玉が入っており、全体を振り動かすことで音を出す。握り手がついたものはその部分を握り、手首のスナップを聴かせて演奏する。

(3) マーチング用打楽器

小太鼓：スネアドラムともいう。古くから軍隊などで用いていた。*snare* と称する細いコイル状の金属線が底面の膜に接するように張られ、これが振動する膜に副次的な打撃を与えて独特の音響を発揮する。撥の握り方にはトラディショナルグリップとマッチドグリップがある。**トラディショナルグリップ**は、右手はスティックに対して上から持つ通常の握り方だが、左手は親指と人差し指で挟み込むように持つ、左右非対称の持ち方である。**マッチドグリップ**は両手ともにスティックに対して上から持つ握り方で、立奏用スタンドや機材の発達により、打面を水平にして演奏することが可能となってきたため、現在ではこの奏法が主流となっている。この握り方は他の打楽器の演奏にも応用できる。

大太鼓：バスドラムともいう。筒状の胴の両端に膜を張った両面太鼓である。柔らかいヘッドのついたマレット (撥) で叩いて演奏する。また、マレットには様々な材質・大きさのヘッドのものがあり、曲の表情によってマレットを持ち替える。

シンバル：体鳴楽器分類される打楽器の一つ。身体の前に楽器を持ち、利き手の方の丸型金属を自然に落とすようにして演奏する。
　フィンガーシンバルと呼ばれる同種の小型のものがある。ゴムの部分をもって2つのシンバルを上下に打ち合わせる。

フィンガーシンバル

（4）ラテン楽器

クラベス：棒状の木片を打ち合わせることで明るいカチカチとした音を出す。身鳴楽器である。利き手に持った木片が撥になり、他の1本は音が鳴る楽器となる。利き手でない方の手で楽器の先から4分の1位の所を2本の指で軽く持ち、残りの指を添える。手のひらを軽く丸め、楽器と手のひらの間に空洞をつくる。その上に利き手で楽器を持ち、もう片方の中心付近を打つ。

クラベス

マラカス：体鳴楽器でシェーカーの一種である。元来は、ヤシ科のマラカの実を乾燥させて作る。「シャキ」と音を出すためには、軽く握り、水を切る感じで柄の部分を強く握るように縦に振る。

マラカス

カバサ、ギロ、カウベル、アゴゴ、コンガ、ボンゴ：カバサは南米の楽器。振ったり、手や膝に打ち付けたり、玉を本体にこすりつけたりして音を出す。ギロは利き手ではない方の手で共鳴孔を包みようにして持ち、利き手では棒でひっかいて音を出す。

カバサ

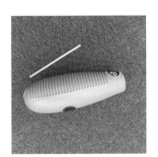
ギロ

カウベル

アゴゴ

コンガ

ボンゴ

（5）オルフ楽器

オルフの考案した楽器。サイロホーンのように必要な音だけ選んで演奏ができるようになっている。例えば白鍵だけ、黒鍵だけの音構造にして、他の楽器との即興演奏が行いやすいような工夫がされている。

オルフ楽器

（6）ベル、トーンチャイム

ベルは旋律奏にトーンチャイムは和音奏に向いている。音楽療法では人気の高い楽器である。一人では1音ないし、2音しか演奏できないが集団で行うと美しいハーモニーが形成され、集団意識が醸成される。筆者は色で音を区別しており、誰でも参加可能な形態となっている。

ベル

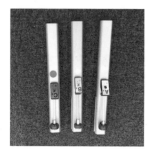
トーンチャイム

（7）日本や諸外国の楽器

ささら、拍子木、レインスティック、あたりがねなどがよく使われる。ささらは「こきりこ節」に使われる。

ささら

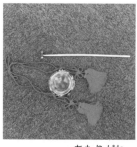
あたりがね

レインスティック

VI-2. 鍵盤楽器

　小学校で使われる鍵盤楽器には、鍵盤ハーモニカ、キーボード、オルガン、アコーディオン、ピアノなどがある。鍵盤楽器の演奏は、指番号と鍵盤と階名の理解が必要になる。鍵盤は黒鍵が2つ並んでいるところと3つ並んでいるところがあること、2つ並んでいる黒鍵の左下の音が「ド」であることを理解させることから始める。指番号は両手の親指が1、人差し指が2、中指が3、薬指が4、小指が5となる。

　ピアノの場合、両手を頭の上で組み、それを前に落とした位の間隔をあけてピアノに座り、手首や肘が鍵盤より下がらないようにして構える。打鍵はそれぞれの指をあまり高く持ち上げずに瞬間的に鍵盤に落として打鍵後は力を抜く。

　黒鍵だけで演奏できるペンタトニックでの即興や白鍵のみで演奏できるドリア旋法などを使い、ピアノと打楽器との即興など行っても面白い（X インクルーシブ教育での音楽実践法を参照）。

　「メリーさんの羊」のような5音（ドレミファソ）のみで構成されている曲をまず弾かせるのもよい。「きらきら星」は「ラ」の音が入り6音構成になるが、「ソ」と「ラ」を5の指で対応して弾かせてもよい。

　ハ長調での運指は以下の通りである

VI-3. リコーダー

　リコーダーは木管楽器でリードを使わない縦笛である。ルネサンス期に様々なものが作られている。平成 20 年の「小学校学習指導要領解説音楽編」では、リコーダーや鍵盤楽器などの演奏に児童が意欲をもって主体的に取り組むような器楽の活動を実践することが重要なことであると示されている。リコーダー演奏は歌唱と似ている部分があり、音楽表現について共通に学びやすい。

運指法

　リコーダーの運指法はバロック式とジャーマン式がある。ジャーマン式は教育用としてドイツで開発されたが、半音の運指が難しいため現在はほとんど使われていない。

　運指の指導は「シ」から導入し、次に「シ」と「ド」というように音を増やしていく。左手を用いる音から右手も使う音へと拡大していく。

　また「シ」の音を出すための指使いは 1 番上の穴と裏の穴を押さえることになるが、テープでぐるっとふさげば発達障害の子どもたちも楽に「シ」出すことができる（Xインクルーシブ教育での音楽実践方法 参照）。

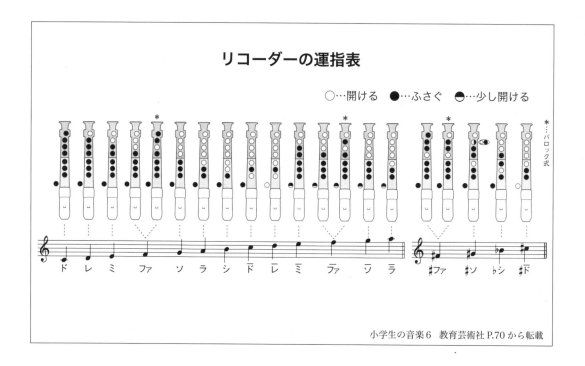

小学生の音楽6　教育芸術社 P.70 から転載

<実践> Ⅵ　器楽の学習と指導

タンギングの指導

　タンギングシラブル (tu、du、ru、ku、te、de、re、ke、ti、di、ri、ki など) を使用して、音を止めたりする舌の働きをタンギングという。低音では「トオー、トオー」、中音では「トゥー、トゥー」、高音では「ティー、ティー」となるが、基本的な舌の使い方は同じである。また、**サミング**とは親指でリコーダーの裏の穴を親指で少し開けたりふさいだりすることをいう。2 点 E,F,G では裏の穴を少し開けて吹く。

　リコーダー演奏では、音色やフレージングに注意して丁寧に練習させたい。ただ運指を覚えて吹ければよいというのではなく、息の強さ、タンギングに注意しながら自分の演奏しているリコーダーの音色が曲にふさわしいか、どうすればきれいな音色になるのかを考えさせながら演奏させたい。また二重奏をする場合、互いの音を聴きながら、音が重なる喜びを感じ、どのようなバランスで演奏したらよいのかなど考えて演奏させるようにしたい。

VI-4. 器楽教材研究

「春がきた」

　この曲は 2 年生の共通教材になっている。左手で 3 種類のコードネーム（C：Ⅰ度、F：Ⅳ度、G：Ⅴ度）を弾く練習をした後に「春がきた」の旋律のどの部分にどのコードネームが合うのか考えさせてみよう。高学年であれば、和音を理解し、その和音はコードネームではどのようになっているのかを学習した後、コードネームの練習をするとよい。昨今、伴奏譜にはコードネームが記されているものが多いので、コードネームを理解できると伴奏が楽にできる。

　〈コードネーム〉
C ドミソ（ハ長調Ⅰ度）
F ドファラ（ハ長調Ⅳ度）
G シレソ（ハ長調Ⅴ度）

コードネームを見ながら和音で伴奏してみよう。

春がきた

高野 辰之 作詞
岡野 貞一 作曲

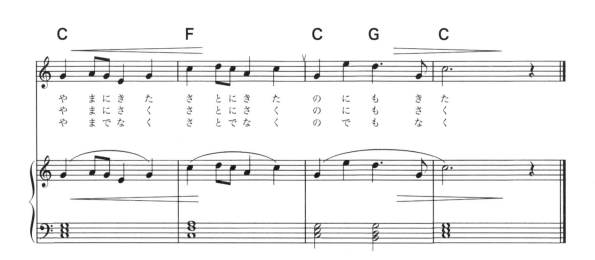

「メヌエット」
リコーダーの練習としてフレージングを大切に2重奏してみよう。

小学生の音楽6　教育芸術社 P.43から転載

「八木節」
リコーダー、キーボード、低音楽器を用いて合奏してみよう

八木節

群馬県・栃木県 民謡
吉田 覚 編曲

＜実践＞Ⅵ 器楽の学習と指導

*曲順 A B C − A B C D D E E − A B C − F

小学音楽 音楽のおくりもの6 教育出版株式会社 P.56,57 から転載

VII 音楽づくりの学習と指導

「音楽づくり」とは身の周りのすべての音を使い、音楽を作る活動を指す。
坪能[1]は音楽づくりの特徴として以下の6つを挙げている。

① 身の回りのすべての音を素材とする。

② 拍節的ではないリズムや、調性にとらわれない音階などの多様な要素を取り入れることができる。

③ 無から音楽を作るのではなく、一定の枠組み(ルール)を作ることが大事である。

④ 音遊びや即興的な表現が大きな意味をもつ。

⑤ 一般的には一人ではなくグループで音楽を作ることが多い。

⑥ 我が国の音楽、諸外国の音楽、ポピュラー音楽など、多様な音楽への理解へとつながる。

上記③に関しての一定の枠組みは「共通事項」との関連づけなくてはいけない。「共通事項」アとしては「音色、リズム、速度、音階や調、音の重なりなどの音楽を特徴づけている要素」である。「共通事項」イでは反復、問いと答え、変化、音楽の縦と横の関係である。低学年、中学年、高学年と発達に応じて「共通事項」ア、イに関連付けて、音楽づくりを指導していく。

VII-1. 低学年での音楽づくり

低学年では、声や身の回りの音の面白さに気付いて音遊びをしたり、音を音楽にしていくことを楽しみながら音楽の仕組みを生かし、自分の思いをもって簡単な音楽を作ったりすることが指導のねらいとある。

「音遊び」である。身の回りの音の面白さ、言葉を発するリズムの面白さなど伝えていく。例えばトレヴァー・ウィシャート[2]の「ハロー・ゲーム」などグループで行うのもよいだろう。10人程度のグループを作り、「おはよう」と一人ずつ言葉を回していく。トントンと手をたたきリズムに乗せて回していく。2拍子で回していく。だんだん速く回していく。今度は2拍子で言える言葉を探して(朝ごはんの内容、好きな食べ物など)、それぞれの言葉を2拍子に乗せて回していく。

　　「おは よう」
　　「トン カツ」

次に名前を4拍子で回していく。「高橋 多喜子 トン トン 」といった具合に回していく。トントンは休符である。4拍子に乗れるようにする。だんだん速くしていく。名前を後ろから読んで回していく。「コキタ シハカタ トン トン」という具合に。

これら遊びはリズムのみを使う。

次は言葉にあった音程をつけて行なう。

VII-2. 中・高学年での音楽づくり

中学年ではいろいろな音の響きや組み合わせを楽しみながら様々な発想をもって即興的に表現したり、音を音楽に構成する過程を大切にしながら音楽の仕組みを生かし、つくろうとする音楽について見通しをもって音楽をつくったりすることが指導のねらいとある。

高学年ではいろいろな音楽表現を生かしながら様々な発想をもって即興的に表現したり、音を音楽に構成する過程を大切にしながら音楽の仕組みを生かし、つくろうとする音楽について見通しをもって音楽をつくったりすることが指導のねらいとなっている。

「即興的に表現したり」、「音楽の仕組みを生かし、つくろうとする」とある。

音楽の仕組みを生かした即興（1）

① ミソラドレの音で下記のリズムカードを組み合わせて旋律を作ってみよう。

② リズムカード

39

<実践> Ⅶ 音楽づくりの学習と指導

③ 作った旋律をリコーダーで吹いてみよう。

小学生の音楽4 教育芸術社 P.18,19 から転載

音楽の仕組みを生かした即興（2）

① 谷川俊太郎[3)]の「ことばあそびうた」から「ののはな」にラとソの音をはめてリズムを付けて歌ってみよう。

　　　「ののはな」
　　はなのののはな
　　はなのななあに
　　なずなのはな
　　なもないのばな

② 谷川俊太郎の「ことばあそびうた」から「やんま」にラとソとミの音をはめてリズムを付けて歌ってみよう。

　　　「やんま」
　　やんまにがした
　　ぐんまのとんま
　　さんまをやいて
　　あんまとたべた
　　まんまとにげた
　　ぐんまのやんま
　　たんまもいわず
　　あさまのかなた

音楽の仕組みを生かした即興（3）

曲の最後の2小節の旋律を作ろう。

曲はどのようにつくられているのか調べてみよう。

①「春の小川」（P.80参照）の曲はどのようにできているのか考えてみよう。全部で16小節の曲であるが、4小節ずつに分けてどのように構成されているのか考えてみよう。

②どの部分が同じでどの部分が違うのか、曲を終わりにするにはどのようにすればいいのか考えてみよう。

③「春の小川」のように最後に曲を終わりの感じにするためには、次の「海風きって」の中間部分の★の2小節をどのように旋律をつくると終わる感じになるのか考えてみよう。

小学生の音楽3　教育芸術社 P.10,11 から転載

リズムアンサンブル（1）

楽器をどのように演奏するか考えよう。

下の図はどんな楽器を使ってどのように演奏したら面白いか考えよう。

役割を決めてグループごとに図楽譜を演奏してみよう。

休符を意識したり、音を重ねたり、また終わり方を考えよう。

リズムアンサンブル（2）

　考えた言葉に合うリズムを作り、作ったリズムの組み合わせ方や強さを工夫してリズムアンサンブルをしよう。

① 3人のグループに分かれよう。

② 2小節でまとまる言葉を考え、それをもとに自分のリズムをつくろう。

（例）

 自分のことを話します。　

 今の気持を伝えます。　

 好きな遊びの名前をくり返します。　

③ つくったリズムを使って、演奏する回数や組み合わせ方、強さを工夫しながらアレンジシートをつくり、手拍子で演奏しよう。

（例）アレンジシート

	1回目	2回目	3回目	4回目	5回目	6回目	7回目
のリズム	休み	休み	○(演奏)	○	○	○	○
のリズム	休み	○(演奏)	○	休み	○	○	○
のリズム	○(演奏)	○	○	休み	休み	○	○
強さ	*p*	*p*	*mf*	*p* <	*mp* <	*mf* <	*f*

④ 慣れてきたら、どこかで好きなリズムを自由に入れたり、手拍子の代わりに打楽器を組み合わせたりして、演奏しよう。

　　　　　　　　　　　　　　　　　　　小学生の音楽6　教育芸術社 P.41 から転載

1) 坪能由紀子：初等科音楽教育法, 3. 音楽づくりの学習と指導. 音楽之友社 2011
2) トレヴァー・ウィシャート：音あそびするものよっといで1. 音楽之友社 1987
3) 谷川俊太郎：ことばあそびうた, 福音館書店 1973

VIII 鑑賞の学習と指導

　鑑賞の目標、指導内容については先述したが、鑑賞とは時代を超えて伝えられてきた作品の「音楽の意味」を理解する活動である。鑑賞することによって、その音楽作品に深く触れ、情緒的に関わり、感動し、面白いと思い、あるいは深い悲しみに触れたりする。また鑑賞はその作品を知的に理解する作業でもある。そして鑑賞によって世界中の様々な音楽に触れることができ、世界中の音楽を育んだ文化にも触れることができる。そのことは人間と音楽の関係に気付かせ、多様な音楽が、文化が、価値観があることを認識させるのである。これはまさに音楽を通した異文化理解である。

VIII-1. 音楽の何を聴き取らせるのか

音楽（曲）に対して何を学べばいいのかを子どもたちにはっきりと示すことである。
　① その曲を形づくっている要素（リズム、速度、旋律、強弱、音色、音の重なりなど）を聴き取らせる。
　② その要素が生み出すよさや面白さ、美しさ、「音楽の意味」を感じ取らせる。
　③ その曲はいつの時代、誰によってつくられたのかなどの知識を学ぶ。

　①と③は、リズムの特徴や旋律の流れ、あるいは作曲家のエピソードなど客観的に教えることができる。しかし②はどのように美しさを感じ取ったか、どのようなイメージを持ったか、音楽が伝えている「音楽の意味」は何かなど、ある程度は伝えられるが、一つのイメージを持たせることは難しい。

　元来、音楽の本来の特質から「音楽の意味」は自由度が大きいといわれている。つまり「音楽の意味」の自由度が大きく、「流動的意図性」がある故に、音楽は社会的に不確定な状況、知らぬ者同士の遭遇、メンタルな不安、緊張を生じやすい場で「葛藤」が生じ得ず、社会的結合の効果があり、集団の維持に役立つパワーがあると考えられている。

　それ故、②の活動を評価する場合はイメージを絵に描かせるなど工夫する必要がある。また鑑賞によって学んだ表現を表現活動で生かしたり、鑑賞曲の旋律を他の楽器で演奏したりと相互に聴きあい、活動し合い、高め合ってほしい。

<実践> Ⅷ 鑑賞の学習と指導

Ⅷ-2. 低・中学年での鑑賞教材

「子犬のワルツ」ショパン（1810 ～ 1849）

① 教材選択の観点

音楽の情景を思い浮かばせる。

② 楽曲について

自分の尾や尻を追ってくるくる回る子犬をイメージして作られたといわれる。「子犬のワルツ」を演奏する右手の速い動きは上から見ていると左旋回しているように見える。まるで子犬の戯れである。ワルツとは 3 拍子の舞曲で、メヌエットとともに有名で南ドイツやオーストリアの舞踏が起源とされる。

ショパンは「ピアノの詩人」ともいわれ、作曲した殆どの曲がピアノ曲となっている。エチュードの「革命」や「別れの曲」など誰もが聞き覚えがあろう。ロマン派の時代、作曲家は教会音楽やパトロンから離れ、自活して生活をした。サロンでの交遊やちょっとした小品を多く作曲したのである。ショパンのピアノ曲は旋律の優雅さ、崇高さ、知らぬ間に転調していく巧みさなどピアノを習ったことのある人には 1 度は弾いてみたい曲である。

③ 指導のポイント

この曲からどんな様子が感じ取れたかグループで話してみよう。

「おどるこねこ」（アンダソン）との比較や情景があらわに感じられる「くまばちはとぶ」（リムスキー・コルサコフ）などと聴き比べてみよう。

Ⅷ-3. 高学年での鑑賞教材

歌劇「魔笛」より「パパパ」 モーツァルト（1756 ～ 1791）

① 教材選択の観点

2 重唱の楽しさについて知る。オペラであるので映像も見せながら「パパゲーノ」と「パパゲーナ」の掛け合いの面白さや「問い」と「答え」というような音楽構造についても学ばせたい。

② 楽曲について

K621．1791 年初演。興業主シカネーダーからドイツ語によるオペラを依頼され、モーツァルトは残りわずかな人生をこのオペラの制作に費やしたといわれている。台本はシカネーダー、

45

初演ではシカネーダーがパパゲーノ役を演じている。この曲はフリーメイソンの色合いが濃く、3という数字に意味が込められている。序曲での3回響く和音、3人の侍女、3人の童などである。ザラストロの宮殿などはその象徴とも考えられよう。夜の女王とザラストロ、タミーノとパミーナ、パパゲーノとパパゲーナというように向き合う2人を描きながら、正統的なオペラアリアの世界やオペラブッファ的なおどけた世界を魅力的に表現されている。

③ 指導のポイント

オペラの内容はかなり込み入っているので詳細には説明する必要はないであろう。字幕が付いているものが良い。「パパパ」だけでなく、「パパゲーノのアリア」や「夜の女王のアリア」なども聴かせたい。人の声がどこまで出るのか、男女で声の違いはあるのかなど考えさせても面白いだろう。

IX 学習指導案

ここでは歌唱教材の学習指導案を挙げる。

1．題材名
「和音の美しさを味わって歌おう」

2．題材の目標
（1）和音の変化を感じ取りながら、正しい音程で歌い、自分がどのように歌えているのかを知り、思いをもって表現を工夫できる。

（2）和音の響きを感じ取って、どのようなバランスで表現すればいいのか、相手の響きも考えながら演奏することができる。

3．教材名「星の世界」
原曲は「What a friend We have in Jesus」という讃美歌である。日本でも「慈しみ深き、友なるイエスは」という歌詞で歌われている (川路柳虹 日本語歌詞／コンバース作曲)。

4．教材選択の観点
「星の世界」は aa'ba' の２部形式で大変理解しやすい構造になっている。a' は同じ旋律であり、b の部分は曲の中心部である。繰り返される旋律が随所にあるので音とりもしやすいと考えられる。どのように表現したら自分の思いを伝えられるか、曲の中心部に向かってどのように声を出すのか、響きのバランスはどのようにとるのかなど、グループ活動の中でハーモニーづくりを工夫させたい。また自分の声はどのような声なのか、高いのか低いのかなど認識させ、響きあうハーモニーの醍醐味を味わえるようにしたい。

5．評価基準

	ア 音楽への関心・意欲・態度	イ 音楽的な感受や表現の工夫	ウ 表現の技能
題材の評価基準	自分の声を聴きながら他人の声に合わせて響きを作る活動に主体的に取り組んでいる。	響きを聴きながら、自分の声で響きを作っていく表現に工夫をしている。	自然で無理のない発声で響きを作り歌えている。
学習活動に即した評価基準	① 呼吸法や発声法に気を付けながらどのように歌ったらいいのか、どのように表現したら自分の思いが伝わるのかの学習に主体的に取り組んでいる。 ② 声部の響きを確認しながら、響きのあるハーモニーを作る活動に主体的に取り組んでいる。	① 歌詞や楽曲構成からどのように歌うかについて自分の思いを持っている。 ② 響きを作っている感覚を感じ取りながら他の人と声を合わせて歌う表現を工夫している。	① 曲想、曲の構造にふさわしい歌い方で、無理なく歌えている。 ② 自分の声を聴き、他人の声を聴きながら響きを作って歌えている。

6．題材の指導計画と評価計画（5時間）

	指導事項	学習活動に即した評価基準
一次	第1時：曲全体を通して聴き、歌詞を味わう。曲想にふさわしい歌唱表現を考える。	観察 ア -① イ -①
二次	第2時：曲の構造がどのようになっているかを考えながら、どのように歌うかを考える。発音やフレーズのまとまりを考えながら主旋律を歌う。 第3時（本時）：主旋律ではない②と③の部分の音程を確認しながら歌う。パート別にグループ練習をする。「マ」の母音で歌い響きを確認する。美しいハーモニーを作る。 第4時：主旋律も入れて互いのパートを確認しながら、どのように歌えばいいか、②と③の旋律が主旋律より高いところなどの響きをよく聞きながら歌う。	観察 イ①②
三次	第5時：グループごとに発表会を行い、成果を披露する。	観察 ウ -②

<実践> IX 学習指導案

7．本時の学習

（1）本時のねらい

②と③の部分をグループごとに工夫して、お互いに聴きあいながら響きを作る。

（2）学習の展開

	●学習内容と○主な学習活動	◎教師の働きかけ ☆学習活動に即した評価基準
導入	●合唱の準備をする。 ○立ち位置を決めて上半身楽にし、発声練習をする。 ●3声部を復習する。 ○主旋律を歌う。 ○各声部の練習をする。	◎上半身体操をして声をどのように出すか教師も一緒に声を出しリラックスさせる。 ◎教師の伴奏で発声練習をする。「マ」で行う。 ◎旋律が離れているところなどを中心に模範歌唱を行い練習させる（主旋律3小節目、5、6小節目の歌い方など）。 ◎響きが弱い声部には楽器やハミングなどで補助する。
展開	●各声部をグループ毎に練習する。 ○グループを作る。 ○誰がどこのパートを担当したらいいのか、声が出にくい人など、どのように構成してハーモニーを作ったらいいのか各グループで考え練習する。 ○全体ではどのように音に強弱をつけてフレーズに注意して響きを作るのか、細かく2小節ずつに区切って丁寧に部分練習をする。	◎グループを作る（各グループにそれぞれの声部が均等になるように配慮する）。 ◎グループを回り、うまくハーモニーができるように、どのようにしたらよいか助言する。 例）・ここの部分が何か合わないね。それぞれもう一度パートに分かれて歌ってみようか。 ・少しずつ合わせてみよう。 ・主旋律は少し高いところがあるね。声が出にくかったら1オクターブ下で歌ってみよう。 ・②.③の旋律で主旋律より高くなるところがあるね。どう歌ったらきれいに響くかしら。 ・お互いの声をよく聴いてね。 ☆イ-②
まとめ	●各グループでの発表を聴きあう ○なぜ響きが美しいのかに気付く。	◎なぜ響きあい美しいのか考える。 ◎よくできていたグループを指名し、どこがよかったのか気付かせる。 ◎次の学習、二重唱の鑑賞へとつなげていくようにする。

参考文献　山内雅子：第6学年音楽科指導案(略案),初等科音楽教育法 音楽之友社,2011

X インクルーシブ教育での音楽実践方法

　個を大切にしながら、学級経営を行う。音楽を使って交流ができるそんなインクルーシブ教育での音楽実践法を音楽療法的見地から紹介したい。

①「さんぽ」（集団活動）

　Go-Stop 課題である。「さんぽ」を聴きながら全員が円を描くように歩く、伴奏のテンポに緩急をつけて、そのテンポに合わせて歩くようにする。音楽が止まると歩くのも止める。再び音楽が始まると歩き始める。音楽が accl.（アッチェルランド）すればだんだん速くなって走る。rit.（リタルダンド）になればだんだん遅く、ゆっくり象のように歩く。次に子どもたちは自由に歩く。今度は後ろ向きに歩く。音楽が止まったら止まる。

②「バスごっこ」（集団活動）

　子どもたちは椅子に順に座って、曲を歌いながら切符を渡していく。「おとなりへ ハイ、おとなりへ ハイ」という具合にハイのところで切符（何か）を渡していく。〔楽譜 P.56〕

③「おはながわらった」（集団活動）

　子どもたちは椅子に順に座って、「おはなが笑った、おはなが笑った、おはなが笑った」のところでは手はつぼみの形をして身体を左右に揺らす。「みんな笑った、一度に笑った」のところでは、一人ずつ手の中に入れておいたスカーフのつぼみを開いていく。

「バスごっこ」も「おはながわらった」も湯山昭の曲である。伴奏の和音を丁寧に響かせ、前奏も可愛いく演奏したい。〔楽譜 P.58〕

④「あくしゅでこんにちは」（集団活動）

　歌に合わせながら「てくてく」自由に歩かせ、「あくしゅでこんにちは」の部分では、出会った人と握手をして「こんにちは」という。2番の「もにゃもにゃ、もにゃもにゃおはなしして、あくしゅでさようなら、またあした」では出会った人と「もにゃもにゃ、もにゃもにゃ」話をしてから握手して別れる。〔楽譜 P.59〕

＜実践＞ X　インクルーシブ教育での音楽実践方法

⑤「一緒に鳴らそうよ」（集団活動）

「さあいっしょにならそうよ」の後の休符の部分でラ、ド、ミ、ソのトーンチャイムを同時に鳴らす。人数が多い場合は2小節ごとに隣の人に静かに楽器を回しながら、休符の部分で同時にトーンチャイムが鳴らせるようにする。Bの部分ではツリーチャイムなど使う。静かに音を聴きながら活動できるとよい。〔楽譜 P.60〕

⑥「だれかな？」（集団活動）

子どもたちがとても好きな活動である。誰か一人がリーダーになって行う。最初はリーダーが教師でもよい。音楽が始まったら全員、自由に踊る。身体を思い切り動かす。発散になる。跳ねている子どもが多い。「だれかな」のところでリーダーは踊っている誰かと目を合わせ指さす。歌詞の「秘密のあるひと」のところでは口に手を当てて、「シー」という真似をする。また「内緒で教えて」のところでは耳に手を当てるようにする。「最後にポーズ」ではリーダーの子のポーズを全員が真似る。〔楽譜 P.61〕

⑦「大きなたいこ」（リズム活動）

「どんどん」と「とんとんとん」のリズム課題、大小、強弱の課題でもあるが、大太鼓と小太鼓に分かれて、またシンバルとフィンガーシンバルに分かれて、金と木の楽器に分かれてリズムを打ったり、強弱をつけて歌ったりすると面白い。〔楽譜 P.62〕

⑧「大きな太鼓、小さな太鼓」（リズム活動）

⑦と同様の課題である。⑦とはリズムと旋律が少々異なるが、ヴァージョン2として扱えて面白い。〔楽譜 P.63〕

⑨「あさ おきたん」（リズム活動）

「あさおきたん、ひがさしたん、パジャマぬいじゃたん」と「たん」のところで1つ叩く、次は「あさおきたんたん、ひがさしたんたん、パジャマぬいじゃたんたん」と「たん」が二つで2回たたく、次は「あさおきたんたたん、ひがさしたんたたん、パジャマぬいじゃたんたたん」で3回たたく、次は「あさおきたたたたん、ひがさしたたたたん、パジャマぬいじゃたん たたたたん」と4回たたくようになる。言葉とリズムがわかりやすい曲である。〔楽譜 P.64〕

52

⑩「ボディーパカッション」(リズム活動)

　身体を使って音を出しリズムを刻む。リズム活動が聴覚からも取り入れられるので、聴覚障害の子どもたちの活動にも取り入れてほしい。

　例えば、リーダーがリズムを刻み、動作を行って、「こんな　ことは　できます　か？」（♩♩／♩♩／♩♩／♩♪）と２回手拍子をして、２回膝を叩くと、他のメンバーはリーダーの真似をして、「こんな　ことは　できます　よ」と２回手拍子をして２回膝を叩く。

　次にリーダーが少しリズムや動作を難しくして、「こんな　ことは　できます　か？」（♩♫／♫♩／♫♫／♩♪）とリズムを刻むと、他のメンバーはそれを真似して「こんな　ことは　できます　よ」とリーダーのリズムと動作を真似する。

最初から３グループに分けて異なったリズムの掛け合いを楽しむ。

リズムだけでそれぞれのグループの掛け合いを楽しんだ後、それらのリズムに動作も加える（足でリズムを刻んだり、膝を叩きながらリズムを刻んだりする）。

　子どもたちに動作を考えさせるのもよい。

⑪「かごめかごめ」(集団活動、楽器活動)

　歌いながら演奏させてもよい。丸く円陣を組んで真ん中に指揮者（教師）が入り、演奏者を指示してもよい。楽器活動の場合は、E,G,Aのトーンチャイム（ベル）を使用する。E,G,Aのトーンチャイムはばらばらに鳴らしても同時に鳴らしてもよい。真ん中に入ったリーダーが歌やトーンチャイムの指示をしてもよい。〔楽譜 P.66〕

⑫「ひらいたひらいた」(集団活動、楽器活動)

　「かごめかごめ」と同様である。〔楽譜 P.67〕

⑬「むかしばなし」（リコーダー）

　階名の「シ」だけでできている歌である。

リズムは　♩♩♩♪ ⁷｜♩♩♩♪ ⁷｜♫♩♩｜♩. ⁷｜　を４回繰り返す。リコーダーはタンギングをしながら「シ」を吹くことから始めるが、リコーダーは裏の穴と前の一番上の穴をテープなどでぐるっと巻いてふさげば「シ」の音が出るので、誰でも容易に「むかしばなし」に取り組むことができる。旋律が「シ」の音だけでもきれいに響くように伴奏が工夫されている。

〔楽譜 P.68〕

⑭ 黒鍵ペンタトニックで合奏

　フィンガーシンバルやオルフ楽器、トーンチャイム、ベル、音つみきなどの黒鍵の音のみを使用し合奏する。

　ピアノ（ペンタトニックの即興）に対して、各楽器担当者は円になって一人ずつ楽器を鳴らしたり、同時に鳴らしたり自由に演奏する。中央にリーダーが入り、誰が鳴らすか、何人鳴らすか、どのように鳴らすか指示してもよい。

　教師はどのように即興したらいいのかと悩むかもしれないが、ペンタトニックの即興では最初、黒鍵のみを一本指で弾いてみるのもよい。とりあえず曲らしくするには「共通事項」にあるように、「問いと答え」「繰返し」などを使って演奏してみよう。どの音を中心にどの音で終わるか考えよう。東洋的な華やかな広がる音楽ができるように思われる。

⑮ 即興ドリア旋法で合奏

　音程のない楽器、特にボンゴ、スリッドドラム、スネアやオルフ楽器、トーンチャイム、ベル、音つみきなどの白鍵の音のみを使用し合奏する。

　ピアノ（ドリア旋法の即興）に対して、各楽器担当者は円になって一人ずつ楽器を鳴らしたり、同時に鳴らしたり、中央にリーダーが入り、誰が鳴らすか、何人鳴らすか、どのように鳴らすか指示してもよい。

　ドリア旋法の即興は左手でレとラの和音を響かせ、右手は白鍵のみを弾く。終止音はレである。面白い響きや太鼓と合う躍動的な音楽などをつくることができる。

⑯ スウィングバーギターと合奏

　スウィングバーギター（写真）はニ長調のⅠ度、Ⅳ度、Ⅴ度がレバーを倒すだけで演奏できるようになっており、楽譜を見ながら色で和音を区別し、他の楽器とともに合奏が可能である。例えば「メリーさんの羊」をスウィングバーギターとトーンチャイム、ベル、カスタネットなどで合奏することができる。

⑰ 色楽譜によるトーンチャイムの指導法 （「君をのせて」から）

　色楽譜になっているので、自分の色を確認させて練習する。色別にリーダーを決めて練習する。色は「色音符バイエル」と同じような色になっている。

C ………… 赤
C♯、D♭ …… ピンク
D ………… 黄
D♯、E♭ …… 黄緑
E ………… 緑
F ………… オレンジ
F♯、G♭ …… 茶色
G ………… 青
G♯、A♭ …… 薄紫
A ………… 紫
A♯、B♭ …… 灰色
B ………… 白

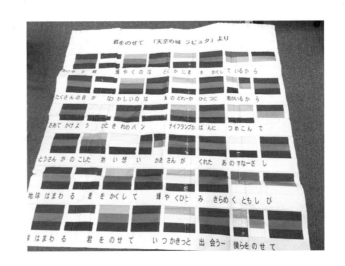

　「君をのせて」の色楽譜。和音奏になっている。
　最初の和音（ミドラ）は3つの色で示している。

おはながわらった

あくしゅでこんにちは

<実践> Ⅹ インクルーシブ教育での音楽実践方法

一緒に鳴らそうよ

小柳 玲子 作詞・作曲

大きなたいこ

大きな太鼓、小さな太鼓

水野 明子 作詞・作曲
生野 里花 編曲

あさ おきたん

〈実践〉Ⅹ インクルーシブ教育での音楽実践方法

かごめかごめ

わらべ唄
佐藤 敏直 編曲

ひらいたひらいた

むかしばなし
（むかシばなシ）

吉沢 実 作曲
白石 哲也 編曲

＜共通教材＞

「1 学年」
1. うみ
2. かたつむり
3. 日のまる
4. ひらいたひらいた

「2 学年」
5. かくれんぼ
6. 春がきた
7. 虫のこえ
8. 夕やけこやけ

「3 学年」
9. うさぎ
10. 茶つみ
11. 春の小川
12. ふじ山

「4 学年」
13. さくらさくら
14. とんび
15. まきばの朝
16. もみじ（紅葉）

「5 学年」
17. こいのぼり
18. 子もり歌
19. スキーの歌
20. 冬げしき

「6 学年」
21. 越天楽今様
22. おぼろ月夜
23. ふるさと
24. われは海の子

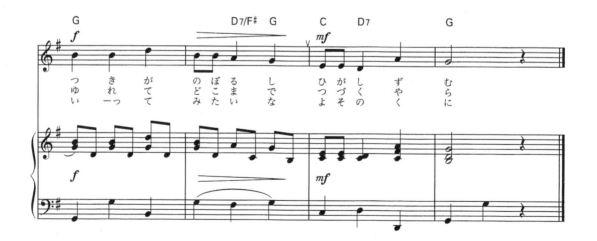

日のまる

文部省唱歌

高野 辰之 作詞
岡野 貞一 作曲

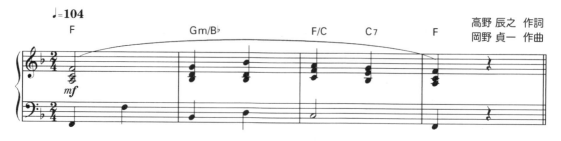
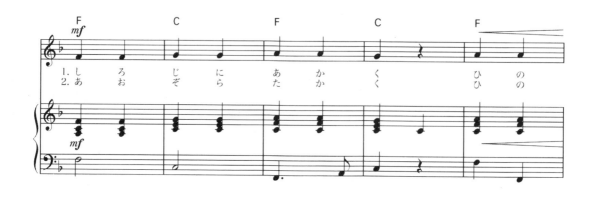
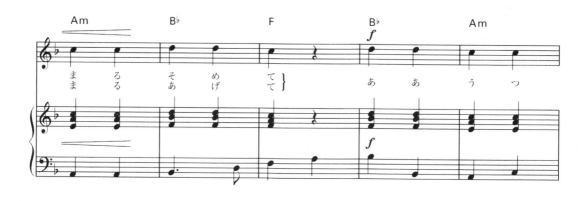

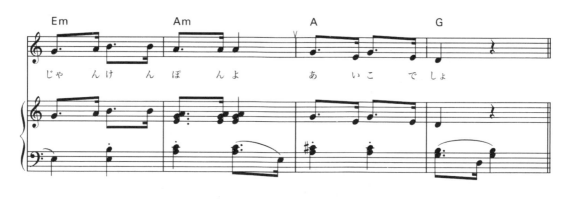

<共通教材> 2学年

春がきた

文部省唱歌

高野 辰之 作詞
岡野 貞一 作曲

うさぎ

わらべ唄

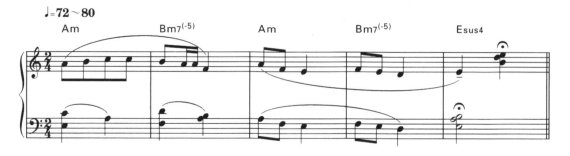
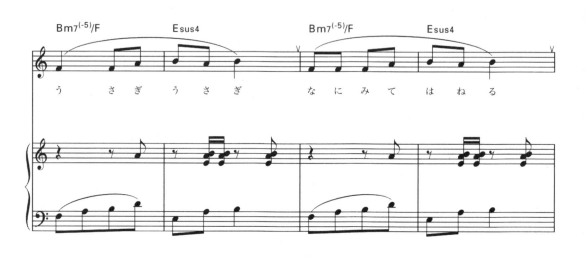
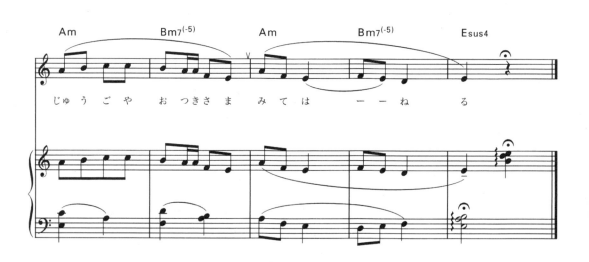

<共通教材＊13>

<共通教材> ４学年

さくらさくら
日本古謡

♩=68

Am　E7　Am　E7　Am7/C　Bm7(-5)　Dm/F　Dm　Esus4

mf　*mp*　*mf*

Am　E7　Am　E7　Am　Dm/A　Dm/F　Am

mf　*mp*　*mf*　*mp*

さくら　さくら　のやまも　さとーも　みわたす

mf　*mp*　*mf*　*mp*

Am　Esus4　Am　Dm　Am　Dm　Am　Esus4

mf　*mp*

かぎーり　かすみか　くもーか　あさひに　におーう

mf　*mp*

Am　E　Am　E　Am7/C　Bm7(-5)　Dm7/F　Dm　Esus4

mf　*mp*　*mf*

さくら　さくら　はなざーか　り

mf　*mp*　*mf*

<共通教材＊18>

<共通教材> 5学年

子もり歌 (旋律A)

日本古謡

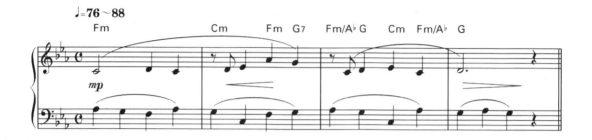

1. ねーん ねん ころり よ おころり よ
2. ぼうやの おもりは どこへ いった
3. さとの みやげに なにも らった

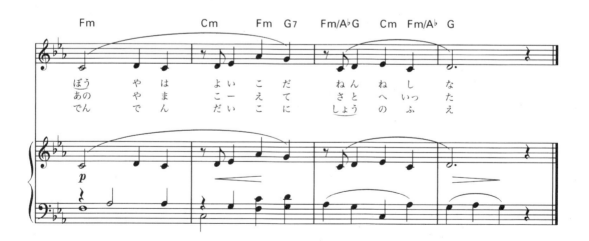

ぼう やは よい こだ ねん ね しな
あの やま でん だい こ さとへ いった
でん でん だい こに しょうの ふえ

子もり歌 (旋律B)

<共通教材> 5学年

日本古謡

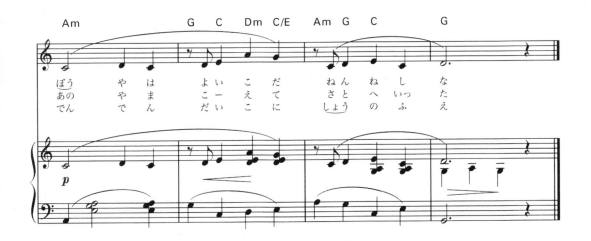

<共通教材＊19>

<共通教材> 5学年

スキーの歌

文部省唱歌

林　柳波　作詞
橋本　国彦　作曲

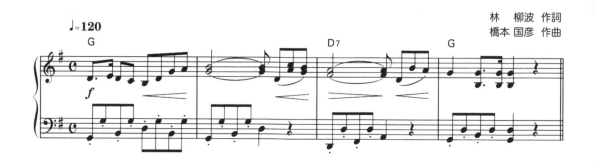

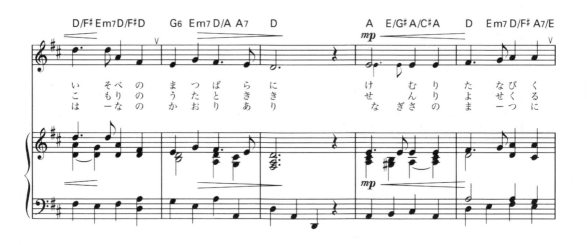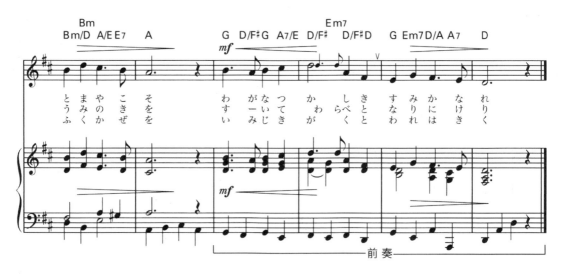

＜指揮法＞

　まず教員になったらやらなくてはいけないことに、校歌の指揮があるといわれる。
「さんはい」「どうぞ」と声をかけて「入り」を示す場合もあるが、指揮法とは手と腕で音楽
の演奏、テンポ、リズム、音色、フレージング、デュナーミク、アゴーギクを指示していく方
法である。現代はオーケストラアンサンブル、合唱などに指揮者を必要とする場合が多い。

基本姿勢

　身体が揺れないように、両足は少し開いて上半身楽にして立つ。
　指揮棒の先が体の真ん中に来るように構える。指揮棒を持たない場合も指揮を体の真ん中で
行うようにする。

手首の運動

① **叩き**：比較的テンポの速い曲の手の運動。指揮をする時の手は「まりつき」ような手首の跳
ねまたは、ドリブルをするようなイメージで、手首を支点にして先を落とし、すぐ上げる。
② **杓い**（しゃくい）：比較的ゆっくりとした曲で用いられる。うちわで風を仰ぐようなイメー
ジで、手首は曲線を描く。

　左腕は主に曲の表情を示したり、重要なパートに注意を喚起させたりするのに用いられる。
例えば、クレッシェンドでは左手は手の甲を上に向けて上に持ち上げていく、ディミヌュエン
ドでは逆に手のひらを上に向けて下げていくなど、フエルマータでは棒を止めた状態でいるな
どがある。そのほか、視線、顔の表情、全身のさまざまな動きを用いて、曲の表情を奏者に伝
える。

<指揮法>

指揮の図形[1]

① 一つ振り：非常に速い2拍子や3拍子の1小節を1拍として振る。ワルツなどの指揮に用いられることが多い。

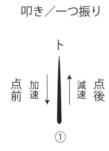

② 二つ振り：2拍子の曲やテンポの速い4拍子、6拍子で用いる。

③ 三つ振り：3拍子で用いられる。

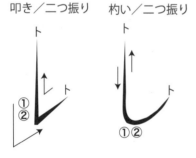

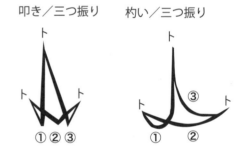

④ 四つ振り：4拍子で用いられる。

⑤ 六つ振り：6拍子で用いられる。

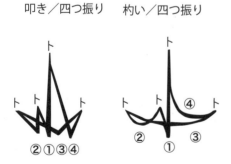

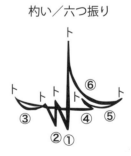

1）山田啓明：指揮法．初等科音楽教育法．音楽之友社から転載

指揮の実際

曲のはじめ方
　始めたい拍の2つ前の拍に最初のポジションを置き、1拍振って次の拍から出るようにする。例えば共通教材の「おぼろ月夜」はアウフタクトの曲であり、3拍目から歌いだす。最初のポジションは1拍目を振り終わった時点に置き、2拍目を振り、3拍目で入るようにする。その際2拍目の終わりに指揮者が息を吸うようにすれば3拍目から入りやすい。

曲の終わり方
　最後の音符が短い場合は次の拍を叩いて手を下げ終わる。前述の「おぼろ月夜」では最後は2分音符になっており、2拍伸ばして終わりである。その場合は2拍目の音を切る時点で円を描き音を切るように指示する。

＜楽　典＞

1. 譜表と音名

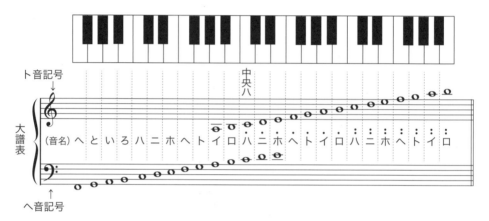

幹音

変化記号（♯や♭）によって変化されない音。

派生音

幹音に変化記号がついた音

(a) 嬰記号またはシャープ♯

　　♯のついた音は半音上げる。

(b) 変記号またはフラット♭

　♭のついた音は半音下げる。

変化記号

- ♯　シャープ(嬰記号)……幹音を半音上げる
- ♭　フラット(変記号)……幹音を半音下げる
- 𝄪　ダブルシャープ(重嬰記号)……幹音を2半音上げる
- ♭♭　ダブルフラット(重変記号)……幹音を2半音下げる
- ♮　ナチュラル(本位記号)……幹音に戻す

2. 音符と休符

音符	名前	長さ	休符	名前
o	全音符	4拍	ー	全休符
♩.	付点2分音符	3拍	ー.	付点2分休符
♩	2分音符	2拍	ー	2分休符
♩.	付点4分音符	$1\frac{1}{2}$拍	𝄾.	付点4分休符
♩	4分音符	1拍	𝄾	4分休符
♪.	付点8分音符	$\frac{3}{4}$拍	𝄿.	付点8分休符
♪	8分音符	$\frac{1}{2}$拍	𝄿	8分休符
♬	16分音符	$\frac{1}{4}$拍	𝅀	16分休符

ただし、1小節全て休む時は拍子に関係なく全休符を用いる。

付点音符

音符の符頭右側に点を付けた音符を付点音符という。付点はそれが付けられた音符の長さに 1/2 を加える。

♩. = ♩ + ♩ 付点2分音符　　ー = ー + 𝄾 付点2分休符
♩. = ♩ + ♪ 付点4分音符　　𝄾. = 𝄾 + 𝄿 付点4分休符
♪. = ♪ + ♬ 付点8分音符　　𝄿. = 𝄿 + 𝅀 付点8分休符

連符

1つの音符を等分にしたものを連符という。最も多く使われる「三連符」は、1つの音符を3等分にした長さ。

3. 拍子

拍子記号

曲には拍子がある。強拍と弱拍の規則正しい繰り返しを拍子という。

拍子は分数の形で書き表わす。分数の分子部分は拍子を表わし、分母は基準となる音符の種類を表わす。拍子記号は曲の基本になる音符（4分音符、8分音符）が1小節にいくつあるかを示すもの。

〈例〉

小節

小節は拍子の繰り返しを縦線で示すもので、縦線には単縦線または小節線、複縦線（曲の段落）、終止線（曲の終結）の3種類がある。

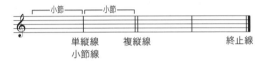

強起と弱起

1拍目からはじまる音楽を「強起」、それ以外の拍からはじまる音楽を「弱起」（アウフタクト）という。

4. 音程

音程は2つの音の隔たりをいう。

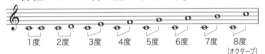

音程が含む半音の数によって完全音程、長音程、短音程、増音程、減音程などがある。

完全音程

長音程と短音程、増音程と減音程

5. 音階

音の高さを順に並べたものを音階という。音階には「長音階」と「短音階」がある。

長音階

7つの音から出来ていて、第1音（ド）から順に並べた時、第3音（ミ）と第4音（ファ）、第7音（シ）と第8音（ド）の間が半音（短2度）で、他の隣どうしは全音（長2度）の関係にある音階。最も基本的な長音階はハ長調。

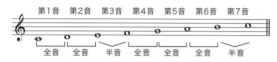

短音階

自然的短音階……7つの音から出来ていて、第1音（ラ）から順に並べた時、第2音（シ）と第3音（ド）、第5音（ミ）と第6音（ファ）の間が半音で、他の隣どうしは全音の関係にある音階。

和声的短音階……自然的短音階の第7音を半音高くしたもので、上行・下行とも同じ形になる。

旋律的短音階……上行は自然的短音階の第6、7音を半音高くし、下行は自然的短音階になる。

6. 調

調子記号

調子記号はその曲が何調かを表し、このときの♯♭は調子記号と呼ばれる。

ハ（C）を主音とする長音階の調をハ長調、ハ（C）を主音とする短音階の調をハ短調という。主音を長調・短調の頭につけたものがそれぞれの調になる。

近親調

近親調は主になる調と一番近い関係にある調をいい、「属調」、「下属調」、「平行調」、「同主調（同名調）」がある。

属調……ある調の属音、すなわち5度上の音を主音とする調を「属調」という。ハ長調の場合、主音のドから、5度上のソが属音で、ト長調となる。

下属調…ある調の下属音、すなわち5度下の音を主音とする調を「下属調」という。ハ長調の場合、主音のドから、5度下のファが下属音で、ヘ長調となる。

平行調……調子記号が同じ長調と短調の関係を「平行調」という。

同主調……ハ長調とハ短調のように主音の名が同じ長調と短調を「同主調（同名調）」という。

〈例〉ハ長調を中心とした近親調の図

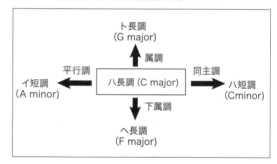

移調

ある曲を演奏の都合上、全体を高くしたり、低くしたりして他の調に移すことを「移調」という。

転調

曲の途中で他の調へ変わることを「転調」という。臨時記号をつけるか、調号を変える記譜法がある。

7. 和音

三和音
ある音に3度ずつ2つの音を積み重ねたものを三和音という。

長三和音と短三和音
三和音の中でも長3度、短3度の積み重ね方によって和音の区別がある。

属七の和音
三和音の上にさらに短3度を重ねた和音を属七の和音という。

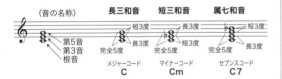

8. 記号・用語

①主な強弱記号

pp	ピアニッシモ	ピアノより弱く
p	ピアノ	弱く
mp	メゾピアノ	やや弱く
mf	メゾフォルテ	やや強く
f	フォルテ	強く
ff	フォルティシモ	ファルテより強く

crescendo (cresc./ ⟨) クレッシェンド……だんだん強く
decrescendo (decresc./ ⟩) デクレッシェンド…だんだん弱く
diminuendo (dim.) ディミヌエンド…だんだん弱く

②主な速度記号

Largo	ラルゴ	幅広くゆるやかに / とても遅く
Adagio	アダージョ	静かにゆるやかに / 心地よくゆっくりと
Andante	アンダンテ	ゆっくり歩くように
Moderato	モデラート	中くらいの速さ / ほどよく速く
Allegretto	アレグレット	Allegroほど速くなく
Allegro	アレグロ	軽快な速さ
Vivace	ヴィヴァーチェ	いきいきと速く
Presto	プレスト	とても速く / 急速に

ritardando (rit.) リタルダンド……だんだんと遅く
rallentando (rall.) ラレンタンド……だんだんとゆったりと
accelerando (accel.) アッチェレランド…だんだんと速く
a tempo ア・テンポ………もとの速さにもどる
Tempo I テンポ・プリモ…最初の速さで

③楽語に添える言葉

poco ポコ……………………少し
poco a poco ポコ・ア・ポコ……少しずつ
molto モルト……………………非常に
simile シミレ……………………同じように
più ピウ…………………………もっと、さらに

④主な発想記号

agitato アジタート………興奮して、激しく
brillante ブリランテ………はなやかに、かがやかしく
con brio コン・ブリオ……元気に
cantabile カンタービレ……歌うように
capricioso カプリチオーゾ…気のおもむくままに、狂想的に
dolce ドルチェ……………あまく、やわらかく
espressivo エスプレシーボ……表情豊かに、感情込めて
grazioso グラッツィオーゾ……優雅に、優美に
maestoso マエストーゾ……荘厳に、堂々と

⑤奏法の記号

legato レガート……………………なめらかに
♩⸰ スタッカート……………その音を短く切って
♩⁻ テヌート……………………その音を十分にのばして
♩> アクセント…………………その音を強調して
⌒ フェルマータ…………長くのばす
♩⌒♩ タイ……………同じ高さの音をつなぐ（=♩）
♩⌒♩ スラー……………違う高さの2つ以上の音をなめらかに

⑥反復記号

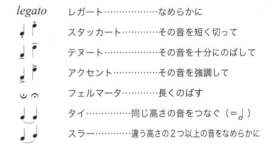

演奏順序　A→B→A→B→C→D→C→E→F

D.C.(ダ カーポ)で曲の最初にもどりFine(フィーネ)で終わる。

演奏順序　A→B→C→D→E→F→A→B→C→D

D.S.(ダルセーニョ)で 𝄋 (セーニョ)にもどり ⊕ (コーダ)から後ろの ⊕ へとぶ。

演奏順序　A→B→C→D→C→E→F

著者プロフィール

高橋　多喜子
たかはし　たきこ

福岡県に生まれる
略　　　歴：国立音楽大学音楽学部楽理学科・卒業
　　　　　　筑波大学大学院教育研究科障害児教育専攻・修了
　　　　　　医学博士（順天堂大学）
専門領域：音楽療法、音楽教育
資　　　格：日本音楽療法学会認定音楽療法士
主な活動：高齢者、障害児、及び精神科において十数年、音楽療法に携わる
主な役職：心理音楽療法研究所・主宰
　　　　　　茨城音楽専門学校音楽療法科・科長を経て
　　　　　　淑徳大学教育学部・教授
　　　　　　日本老年行動科学会・常任理事
　　　　　　日本音楽療法学会・理事、同関東支部・幹事
　　　　　　筑波音楽療法研究会・代表
主な出版物：「補完・代替医療　音楽療法」改訂３版（金芳堂）
　　　　　　「高齢者のための実践音楽療法」（中央法規出版）
　　　　　　「老いのこころを知る」（ぎょうせい）
　　　　　　「認知症高齢者の心にふれるテクニックとエビデンス」（柴峰図書）
　　　　　　「楽しいリハアンドレク体操」（エスティプランニング）
　　　　　　「すぐに役立つ弾き歌いのポイントと指導法」（DSサービス）
　　　　　　「認知症予防の音楽療法　いきいき魅惑のベル」（オンキョウ）
　　　　　　「ひとごこち」（保健同人社）
　　　　　　「高齢者のこころとからだ事典」（中央法規出版）
　　　　　　「高齢者のからだ・あたま・こころ」（日本老年行動科学会DVD）
　　　　　　「コードネームを使ったらくらく伴奏　保育の歌・こどもの歌50」（オンキョウ）など

~音楽療法的視点からインクルーシブ教育に向かって~
初等音楽科教育法

発 行 日：2017年3月30日　初版 発行
著　　者：高橋 多喜子
発 行 者：一木 栄吉
発 行 所：株式会社オンキョウパブリッシュ
　　　　　〒353-0001 埼玉県志木市上宗岡3-12-11
　　　　　ティーケー出版印刷ビル 2F
　　　　　TEL 048-471-8551　FAX 048-487-6090
　　　　　URL……http://www.onkyo-pub.com/
　　　　　E-mail…mail@onkyo-pub.com
　　　　　郵便振替口座 00190-8-561552
印 刷 所：株式会社ティーケー出版印刷
社団法人日本音楽著作権協会許諾(出)第1703274-701

落丁、乱丁本はお取り替え致します。

みなさまに御願い

♪この音楽著作物の全部または一部を権利者に無断で複製（コピー）する事は著作権の侵害にあたり、著作権法により罰せられます。
　（私的利用などの特別な場合を除きます）
♪また出版物から不法なコピーが行われますと、出版社は正常な出版活動が困難となり、ついには皆様方が必要とされる物も出版出来なくなります。
♪音楽出版社と日本音楽著作権協会（JASRAC）は著作者の権利を守り、なおいっそう優れた作品の出版普及に全力をあげて努力してまいります。
♪どうか不法コピーの防止に皆様方の御協力を御願い致します。

株式会社オンキョウパブリッシュ
社団法人日本音楽著作権協会